김계식

오령누에의 소망

ⓒ 2022, 김계식.

이 책의 저작권은 저자에게 있습니다. 서면에 의한 저자의 허락없이
내용의 일부를 인용하거나 발췌하는 것을 금합니다.

오령누에의 소망

김계식 시집 29

인간과문학사

시인의 말

해가 저물고
어둠이 짙게 내리면

어쭙잖은 족적도
외로움이란 두려움도 고이 묻히리라는
서툰 계산법을 내세워

하루하루의 삶을 시로 아퀴 지은
제 삶의 발자취
또 이렇게 스물아홉(29) 번째 묶음으로
내어놓으니

조금도 새로울 것 없는
오령누에의 꿈을
고이 담기 위한
제 나름의 섶이라 믿으시고

늘 아껴주시던 마음으로
곱게 받아주시기를 바랍니다.

2022년 봄
종남산 자락에서
瀛州 **김 계 식**

차 례

• 시인의 말

1
나날이 새 날

돌확으로 맞는 봄 —— 12
벗이 된 아이비 —— 13
이른 봄맞이 —— 14
나날이 새 날 —— 16
또 한번의 별리 —— 18
창문 액자 —— 20
활력의 상징 위봉폭포 —— 22
빗소리에 취하다 —— 24
시간 죽이기 —— 26
자족 한 판 —— 28
혼절의 뿌리 —— 29
한 폭의 비경 —— 30
천사의 나팔꽃 —— 32
마이산 —— 34
봄 꽃맞이 —— 37

2
밝음의 층 쌓기

기다림 —— 40
연 그리고 연 —— 41
마음 동행 —— 42
자중자애 —— 44
밝음의 층 쌓기 —— 46
순종 —— 47
피동 —— 48
참 좋은 하루하루 —— 49
짝꿍 —— 52
동심원 —— 53
말풍선에 담는 마음 —— 54
조화 —— 56
흐뭇한 조우 —— 58
숙성 중 (2) —— 60
밝음의 불씨 —— 62

차 례

3
해거름의 소원

역습 앞에 서다 —— 64
붙박이 상념 —— 66
미련 갈무리 —— 68
소감 한 폭 —— 70
탈각 —— 72
번히 알면서 —— 74
쫌이야 —— 75
한 점의 얼룩 —— 76
만감의 교차 —— 78
꼴불견 —— 80
그 또한 나의 몫인 것을 —— 82
버티어 살기 —— 84
해거름의 소원 —— 86
멱 잡힌 세월 —— 88
간절한 소망 —— 90

4
아름다운 안달

껍질이 째지는 아픔 없이는 —— 94
탁마 —— 96
구원의 손길 —— 98
못다 삭인 수줍음 —— 100
아름다운 안달 —— 102
월척 탁본 —— 103
여물어 가는 허무 —— 104
역습 —— 106
짜파구리 —— 108
~하던 대로 —— 110
시련의 고비 —— 112
자초 —— 114
시인의 욕망 —— 116
자신을 다지는 첩경 —— 117
톺아보기 —— 118

차 례

5
긍정의 안목

줄배 타고 온 너 —— 122
오령누에의 소망 —— 124
심지 돋울 활력소 —— 126
객으로 읽는 세월 —— 128
외곬으로 —— 129
예비하심에 —— 130
불씨 —— 132
일합 —— 134
비상 —— 136
행복 패러디 —— 138
새로운 꿈 —— 140
'거저'는 없다 —— 142
대명천지 이룰 꿈 —— 144
평온 —— 145
그렇게 타고 난 것을 —— 146

· 덧붙이는 글 —— 150

1
나날이 새 날

돌확으로 맞는 봄 / 벗이 된 아이비 / 이른 봄맞이
나날이 새날 / 또 한번의 별리 / 창문 액자 / 활력의 상징 위봉폭포
빗소리에 취하다 / 시간 죽이기 / 자족 한 판 / 혼절의 뿌리
한 폭의 비경 / 천사의 나팔꽃 / 마이산 / 봄 꽃맞이

돌확으로 맞는 봄

정원 모서리에 놓여 있는 돌확
눈석임물을 밑바탕에 깔고
이슬비에 는개까지 한 데 그러모은
깊은 정성을 되짚으며

맑은 하늘의 구름이 그려내는
고운 그림을 새겨 읽고
어두운 밤하늘의 반짝이는 별로
흘러가는 세월을 산算 놓고 있었을
네 차가운 추억과

지난해
온 정성으로 키우며 사랑 나누었던
부레옥잠과의 알뜰살뜰한 정까지
돌확의 깊은 벽 속에서 되찾아냄으로

벌써 고운 꽃이 되어
유영하고 있는 네 꿈을
한발 앞서 당겨보는 기쁨에 젖는다

벗이 된 아이비

미나리 목, 두릅나무 과, 송악 속이라는
갈래 탄 족보도
'행운이 함께 하는 사람'이란 꽃말도
푸른 이파리에 고이 갈무리한 채
벋어가는 싱그러움이 한없이 좋은 너

호접란胡蝶蘭을 옹위하던 섬김에서
어렵사리 주체가 된 너 아이비(ivy)
방안 햇빛 들이치는 자리에
고이 모신 존엄이 된 것

맑은 유리 항아리의 투명을 넘어
살아 숨 쉬는 뿌리의 촉수에 이르기까지
속속들이 알고 싶어 너를 지켜봄이니
스치는 바람의 잔잔한 기원이라고
네가 타고 오를 버팀목이라고

모르쇠
마음 편한 벗으로 받아주시기를…

이른 봄맞이

끝자락이 보이지 않는 엄동설한에
목 메인 설움처럼
컥컥 막혔다가 흘러가는 물줄기
가냘픔으로 굽어보는 전주천변의 수양버들

살을 에는 차가운 바람줄기 속
한 줄기 얼비친 햇볕을 붙잡음인지
유경백별 우신지柳經百別 又新枝[※]
추켜세운 칠언절구 떠올려 외우고 있음인지
옅은 연두 빛 언뜻언뜻 내보이고 있다

밑동의 나이테
중심에서 새로 그려 퍼져가는 것인지
밖에 원주 하나씩을 보태어가는 것인지
알지도 못하는 노인네들 몇

봄 맞을 기운을
밖으로부터 맞아야 하는지
안으로부터 끌어내야 하는지
알 수 없어

물끄러미 제 몰골을 짚어보고 있고…

※ 유경백별 우신지 柳經百別 又新枝 : 신흠의 상촌집에 있는 시구.
　　버드나무 줄기는 백 번을 꺾여도 새 가지가 또 새롭게 자란다.

나날이 새 날

한 해를 마감하고
새롭게 맞는 새해 만이랴

삼백예순다섯으로 잘게 부순 나날
익숙한 손놀림으로 어두운 흐름을 묶어
하루를 마감하는 일
어찌 끝맺음이라고만 치부할 수 있으랴

그르친 일 반성하게 하고
못다 이룬 꿈 이어갈 수 있도록
여명黎明이 이끌고 올
새로운 날의 알찬 잉태인 것

시나브로 데워지는 아랫목처럼
알게 모르게 은근히 층을 오르는
너도 모르고 나도 모를 작은 변화로
기어이 이루어내고 말 괄목상대刮目相對

닫힘이 어찌 거저이며
열림이 어찌 거저일까

갈무리한 새벽 닭 울음소리 배경 삼아
어제를 반성하고 오늘을 설계하는
언제나 밝고 맑은 새로운 나날들

또 한 번의 별리

빙자옥질冰姿玉質※
곱디고운 매화꽃이 필 때면

엄동설한을 이겨낸 맑은 향기를
함께 우러르던 그리운 네 모습 떠올라
눈을 지그시 감은 채
흘러간 세월을 헤아린다

이제는
손가락 꼽았다 편 숫자보다
낮은 수치로
너를 만날 수 있겠지만

그동안 구구절절 엮었던 추억이
바람 앞의 꽃잎처럼
산산이 흩어지는 서러움
차마 볼 수 없을 것 같아
외로이 되돌아오는 발길

봄은

너와 나의 틈새를 그대로 둔 채
환히 핀 매화꽃을 증표로
또 한 번의 별리를 안겼다

※ 빙자옥질冰姿玉質 :
　　① 얼음같이 맑고 깨끗한 살결과 구슬같이 아름다운 자질.
　　② '매화梅花'의 이칭異稱

창문 액자

그림 액자
수시로 바꾸어 걸고 싶은 마음

햇살과 바람과 나뭇잎들
멈춤을 훌쩍 넘어
생동의 동영상을 고스란히 담은
창문 액자

맑은 하늘 한빛 푸른 화폭일 때는
숱한 상상의 그림을 그리며
풀벌레 울음소리 새들의 노래를
곁들이는 창문 액자

어둠 내린 짙은 밤
자신의 농익은 모습을 그린
자화상自畵像을 거기 내걸고
굴곡진 삶을 더듬어보는
그림 액자

들어오고 싶음과 나가고 싶음이

균형을 이룰 때
아름다움의 극치를 이루는
무한한 가치의 창문 액자

활력의 상징 위봉폭포

고른 간격으로 내리는 빗줄기

서두름 없는 품새
제법 내릴 것 같다는 확신을 품고
젖은 걸음으로 찾아들어간
위봉폭포

그럴싸한 원천도 없이
종남산 한 자락에 터 잡은 여린 물줄기
민 상투에 흰 바지저고리 차림의
어설픈 '흙수저'로 보이지만

산등성이 굽이굽이 타고 오른
송광사 범종 법고 목어 운판의 울음소리
위봉사 법구사물과 어울린 화음
고이 머금었고

역사의 뿌리 지키기 위해 축성한
유비무환의 상징 위봉산성
조곤조곤 이르는 가르침 새겨 안은 채

우렁차게 쏟아지는 위봉폭포
그 속 깊음 어느 '금수저'에 뒤지랴

금강산 구룡폭포 제주도 정방폭포
훌쩍 넘는 모양새요
나이아가라 폭포 이구아수 폭포
거기 담긴 역사보다 한 수 위일지니

장마철에도 넘치지 않고
가뭄철에도 마르지 않은 채
우리 마음 적시는 삶의 활력소
그 이름도 찬란한 위봉폭포여
도도하소서

빗소리에 취하다

헝클어진 상념으로
뒤척이는 밤

온갖 소리 하나로 아우르고
고른 숨결로 들어서는
봄비소리

모두를 그러안지 못했던
아쉬움과
모조리 비워내지 못했던
안타까움
저만치 물리치고 다독이는 위로

유리창에 삐뚤빼뚤 써 내리는
필체일지라도
거기 담긴 사연만은
꾸밈없을 것이라는 믿음에
마음속으로 또릿또릿 읽어나가는 묵독

나는 벌써

어르지도 못한 너를 품에 안는
서툰 몸짓을 눈 그리며
고른 빗소리에 발그레 취해갔다

시간 죽이기

어스름의 두께를 째고
귀 종그린 채 눈빛 모으는데

담장 위 천천히 움직이는
느린 빛줄기
어둠을 마름질하는 앞집의 늙은 고양이
앞을 밝히는 외줄기 안광眼光

벌써 인기척쯤 읽고도 남아
'야옹, 야옹' 어르는 나의 호감쯤은
전혀 모르쇠한 채
짙어지는 두께를 가르며
제 갈 길을 가고 있었다

눈 감은 채 고른 걸음을 되짚어
문빗장을 벗기고
포근한 내 보금자리에 몸 부리고

어릴 적 꼭 끌어안았던
따뜻한 온기를 재며

'고로롱고로롱' 그놈의 미영 잣기를
그럴싸하게 흉내 내고 있는

시간 죽이기

자족 한 판

빙글빙글 돌아가는 춤사위
제가 벌인 춤판인 줄도 잊고
한바탕 흐드러졌다가

나르시스 제 투영된 모습에
순전히 타의인 듯
긍정에 한 표를 던지고는
슬그머니 발뺌하고 물러서는 객관

오래도록 어둠 사르는
밝은 불빛 되기를 바랐는지
제주 근처에서 서성이는 태풍 '찬투'도
호롱불 후리는 일조차 없도록
일본열도 쪽으로 물러가겠다는 기별

놓아기른 야생마 한 마리
다소곳이 제 마구간을 찾아드는 모습이
한없이 믿음직스럽기만한
오늘의 이 뿌듯한 희열

혼절의 뿌리

연약한 다리〈脚〉로 떠받치고 있는
다리〈橋〉 위에 서서
흘러가는 강물을 바라본다

심하게 출렁이는 물길
하늘의 구름송이도 자맥질하고
일렁이는 물결소리도 뒤집히고
온 세상이 세차게 혼절하고 있다

메스꺼운 고통의 뒷자락
허공 휘어잡은 손 안 가득
출렁다리의 흔들림을 붙잡고 나서야
주와 객의 전도를 깨닫는
혼솔 바른 만각

원인의 뿌리는
언제나 자신에게 있는 것을…

한 폭의 비경

운장산* 줄기로 병풍을 둘러친
부귀면의 황금*과
정천면의 봉황*이 어울린 자리
긴 물줄기 떨어지는 폭포수

선녀(옥녀)가 목욕한 후
비취비녀를 꽂아 쪽을 지은 듯
비단 폭에 부용을 그린 듯
수직 낙하하는 부단한 물줄기
그 이름 옥녀폭포 玉女瀑布

한 포기의 풀마다
한 송이의 꽃마다
한 그루의 나무마다 정연히 터 잡아
싱그러운 향기 뿜어내는 대자연의 숨결

하잘 것 없이 쌓은 연륜 하나하나를
비싼 값을 치르고도 쉽게 덜어내고 있어
불감청이나 고소원이라
모르쇠 마음 깊숙이 받아들인 순응

※ 운장산 : 전북 진안군 부귀면 황금리 산 190
※ 황금 : 진안군 부귀면 황금리
※ 봉황 : 진안군 정천면 봉황리

천사의 나팔꽃

어느 한가한 가게의 문 앞에
흐드러지게 늘어서서
소리 없는 나팔 불어대던 때는
네 아름다운 자태에만 눈길 주었지

그리 차갑지도 않은 늦가을 바람
견디지 못해 잎 진다싶어
거실 안으로 고이 들였더니
감당하지 못할 짙은 향을 안기는 너
엔젤트럼펫(Angel's trumpet)

사진에 담고
고운 언사言辭로 치장하여
아끼는 이들에게 실어 보냈지만
끝내 고운 향기만은 보낼 길 없어
애태우는 마음

하여도 어찌
감당할 수 없다는 사유 하나로
'덧없는 사랑'※이라

내팽개칠 수 있으리라고

사방팔방을 향해
아름다운 모양새로 불어대고 싶은
천사 닮은 네 마음
차가운 겨울에도 고이 갈무리하여
내년 봄 따뜻이 움 틔워주마

※ 덧없는 사랑 : 천사의 나팔꽃의 꽃말

마이산

안개 뚫은 두 봉우리 쌍돛 배로
'돛대봉'이다가
울창한 숲 속 용의 두 뿔로
'용각봉'이다가
고운 단풍 속에 우뚝 솟은 말의 귀로
'마이봉'이다가
흰 눈 속 먹물 찍은 붓끝으로
'문필봉'인 마이산馬耳山

평지*들 쓸던 바람 하늘에 올라
하현달에서 그믐달까지
어려이 입에 문 색깔 앗아내어
하얗게 질린 낮달 만들고
여세를 몰아서
암 마이봉 수 마이봉 틈새를 비집어 든다

돌덩이 한 켜 정성 한 켜
아슬아슬 쌓아올린 돌탑
골짜기 휩쓸던 바람자락도
손마디 낭자한 선혈 앞에 두 무릎 꿇고

덩굴손 아픔으로 암벽 오르며
힘줄 굵은 능소화
앗아 온 달빛 쏟아 부어 낮을 붉힌다

금당사 울려 퍼진 법고 소리
백악기白堊紀의 역암礫巖으로 이루어진
암 수 두 봉우리
키를 높이는 부단한 안쓰러움
천지만물을 창조하신 조물주
이팝나무 하얀 입쌀로 보상한다

제 짝 남겨두고 온 능소화 한 그루
마령고교 현관 옆 용트림으로
옛 전설을 입에 문 채
등용문 어휘를 전설처럼 풀이하고 있었으니

조선 개국의 전설 만이랴
온 산의 보드라운 살과 굵은 뼈대
구구절절 역사의 산실이요
만방에 떨칠 찬란한 보물덩어리

우리의 위대한 문화유산인 것을…

※ 평지 : 진안군 마령면 소재지의 행정 구역 이름
※ 이 시는, 지은이가 1992. 3. 1 ~ 1996. 2. 29. 마령고등학교 교장으로
  재직한 바, 그 당시를 회상하며 쓴 글임.

봄 꽃맞이

연분홍빛 살포시 드리운 미선나무 꽃
분홍빛 흥건히 머금은 진달래 꽃
내 보금자리 고이 찾아드는 귀한 발걸음
한 아름 기쁨으로 맞고 싶음에

주변의 한 생을 마감한 나무
싸늘한 주검도 치우고
지붕 위 초혼招魂한 흔적으로 남겨진
흰 저고리도 걷어내는 바쁜 손길

부정을 막기 위한 금줄의
소임 만이랴
마음바탕에 도사리고 있는
쓰린 마음 닦아내는 행위인 게지

한바탕 전 벌였던 흥망성쇠 중
흥興과 성盛만
더욱 짙어지기를 빌고 있는
또 한 해의 찬연한 봄맞이

2
밝음의 층 쌓기

기다림 / 연 그리고 연 / 마음 동행 / 자중자애
밝음의 층 쌓기 / 순종 / 피동 / 참 좋은 하루하루
짝꿍 / 동심원 / 말풍선에 담는 마음 / 조화
흐뭇한 조우 / 숙성 중 (2) / 밝음의 불씨

기다림

온다
비가 온다

비는 한 번도
간 적이 없다

촉촉함을 가져오고
사연을 가져오고
그리움과 정을 가져오고

끝내
자신을 통째 가져오고야마는
내 마음의 봄비

연蓮 그리고 연緣

연잎을 적시지 않는
물방울

물방울을 깨뜨리지 않는
연잎

아낌이 사랑으로 깊어도

채워지면
말없이 헤어져야 하는

가슴 아린 연분緣分

마음 동행

여명과 겨룸하며
나의 눈앞에 들어서는 네 모습

차마 이름조차
제대로 부르지 못하는 상징으로
옆자리에 들어앉힌 너와
하루 종일 하나로 엮여 살아가는 삶

아픔을 쪼개고
기쁨을 포개면 좋은 줄 알면서도
어깃장 놓는 듯 서로를 북돋우다가
기지機智 넘치는 촌철에 넉장거리로
한순간에 베일을 벗고 하나가 되고 마는
너와 나의 속마음

그리움 품어 안고 갈라선 아쉬움
깊은 밤 넓고 넓은 꿈속 하늘
똑똑 빛 밝은 별로 서로를 우러르며
또 하나의 새벽을 눈 그리는 나날

너와 나
서로의 그대 바라기로
보람의 행보 이어가고 있는 마음 동행
영원토록 빛나고 또 빛날진저

자중자애 自重自愛

균형 잡힌 평면도형
정삼각형, 정사각형, 직사각형,
평행사변형, 사다리꼴, 마름모…
둥근 원에 이르기까지 참 많고도 많지

평면도형의 기본이 되는
정삼각형 귀퉁이마다
발(足)을 붙여 일으켜 세우니
그 이름 정립 鼎立이라

균형 잡힌
이 셋이면 족하다고
한바탕 으스대는 꼴사나움

세워주신 이
다리 하나 거두어 감으로
비틀 꺼꾸러지고 털썩 내려앉히고 나서야
길게 내쉬는 회한의 숨결

다족류

수많은 다리의 떠받침을 받기에
끄떡없다는 사실을 새겨 안으며

예각을 넘어
둔각으로까지 넓혀가는 안목으로
자신을 튼튼히 추스르고 있는
이 값진 버팀목

밝음의 층 쌓기

이제 빼기는 접어두고
하나하나 보태기만 하며 살자

네가 너의 종점을 모르듯이
나 또한 나의 종점을 모르는 것
남음을 계산하는 건 무의미

불빛을 좇아
제 몸 불태우는 불나방이보다
아름다운 꽃을 찾아
날개를 위로 포개 접는 나비

고움으로 점철되는 시간 시간들
누적되는 기쁨의 층 앞에
무슨 두려움 있으랴

우리 이제
얼마 남았다는 빼기는 접어두고
아직도 이렇게
밝음 쌓았다는 보태기만 하면서
기쁨 충만한 삶을 엮어가자

순종

부끄러움 속에는
귀여움이 함축되어 있습니다

부끄러움 속에는
그리움이 녹아들어 있습니다

부끄러움 속에는
익어가는 사랑이 담겨 있습니다

이제는 어쩔 수 없다는 생각 같은 건
도저히 똬리 틀지 못하도록
활활 불태우는 젊음의 열기로
속 품은 결빙 시나브로 녹이고 있음에

삐죽이는 작은 거스러미까지
속 깊이 사려 담고
눈을 꼭 감습니다

피동被動

불러도 대답이 없을 때
나는 혼자였다

긴 침묵이 살 오른 뒤
우연인 듯
뒤돌아보는 초점 맞춘 눈길이
화살로 꽂힌 뒤로부터

어둠 속에다가도
그림자를 그릴 수 있는 빛에
꿰인 나는
늘 내 그림자의 보호를 받으며 산다

달아날 수 없어 몸 부린 체념
무기력을 벗어날 수 있는
최선의 방편이다 싶어
찍는 발자국을 뒤따르며 사는 평안

겪어보지 않은 이는 알 수 없는
참한 행복인 것이
분명하다

참 좋은 하루하루

어둑새벽을 비집고 앉아
기도하는 모습 아름답게 내뵈어
글쓰기의 문을 믿음으로 열게 해주는
네가 있어 참 좋다

하루를 여는 몸 풀기 요가를
서툴게 따라 하면서
온 심신에 기름칠을 하는
네가 있어 참 좋다

먹는 것 입는 것
일상의 크고 작은 것 어느 하나까지도
나를 위해 옥신각신 끝내 양보하는
네가 있어 참 좋다

멀고 가까운 길 동행할 때
내비게이션의 젊은 여인과 경쟁하며
내 운전을 시시콜콜 간섭하는
네가 있어 참 좋다

골라주는 책을 정독하고
'책을 덮으면 다 잊는다.'고 말했을 때
'콩 나물 시루에 물을 부으면 그만큼 쏟아져도
콩나물은 크는 것'이란 위로를
만면의 웃음으로 받아 안는
네가 있어 참 좋다

잠시 떨어져 있다가 만나는 순간
보고 듣고 깨달았던 모든 일들
겪은 사람보다 더 잘 알 수 있게
낱낱이 설명하는 서로의 한 축이 된
네가 있어 참 좋다

사랑하는 아들 딸 손자 손녀
들려주는 기쁜 소식 눈으로 본 것처럼
생생히 되풀이할지라도
당연히 그런 것처럼 서로 믿어주는
네가 있어 참 좋다

온 정성 쏟아 부은 건강관리로

열심히 동행해주는 너를 보며
내 생의 끝 날을
지켜 주리라는 믿음을 굳힐 수 있는
네가 있어 참 좋다

너만을
생각하며 살아가는 나로
나만을
생각하며 살아가는 너로
기쁨이 충만한 우리로 살아가는지라

새롭게 맞는
하루하루가
이보다 더 좋을 수는 없다

짝꿍

내가 만든 보금자리에
너를 들이고
안아주겠다는 약속 저버린 채
안기는 것에 길들여진 나

하늘의 별처럼
제 혼자
반짝이기라도 했으면 좋으련만
하나에서 열까지
기대어 사는 이 가관

하여도
날짜 가는 줄이야 어찌 모르며
아픔 모두를 씻어주겠다는 맹약
한순간이라도 잊은 적 있으리라고

너 있어 나 있듯
나 있어 너 있는 것이란
우직스런 믿음으로
시공을 엮어나가는 우리

동심원

하얀 종이 위에 찍힌
까만 두 점인지 몰라

다가가서
하나 이룬 동심원으로
끌어안거나 포갤 수는 없어도

아무도 볼 수 없게 이어지는
부단한 선
직선이면 더 없이 좋겠지만
곡선인들 무슨 상관이랴

아끼고 사랑하는 마음
농익어
네 마음 나와 포개지고
내 마음 너와 포개지는 꿈
끝내 이루고 말지니

우리는 벌써
같은 마음인 동심원

말풍선에 담는 마음

발설하지 못한 숱한 독백
말풍선※으로라도 그려내고 싶어

더 많은 대화를 담기 위한 그릇을

더 많은 생각을 궁굴릴 수 있는 마당을

더 많은 부르짖음을 펼 수 있는 허공을

크게
좀 더 크게 그리고 있는 이 마음

설령 뉘 본다고 해도

말로 표현한 사실 아니니
어찌 포박할 죄목으로 치부置簿되리라고…

※ 말풍선 : 만화 등에 쓰이는 것으로서 그림 이외의 빈 공간에,
등장하는 인물이 하는 생각이나 대사를 시각적으로 표현한 것.

조화調和

상형의 특징 뚜렷한
같은 부수部首 같은 획수의 두 글자
너는 음각陰刻
나는 양각陽刻

흘기는 눈
게거품 문 입으로 비아냥거리다가
은근슬쩍
곱게 품고 있는 진수를 보았지

좁은 의자에 나란히 앉아
서로 '네가 저만큼 가'라고
오기傲氣 부리다가
은근슬쩍 하나 되어보고 싶은
오목가슴 치미는 한순간의 불덩이

땅 된 오목할 요凹 자와
하늘 된 볼록할 철凸 자
조금의 빈틈도 없이
딱 맞춘 우리로 한마음 되니

이 조화

세상만사의 근본 이치 아니던가

새로운 지평이 훤히 열리네

※ 凹와 凸 : ㅂ(입 벌릴 감)부 2획에
        요凹 : 3획을 보탠 오목할 요凹.
        철凸 : 3획을 보탠 볼록할 철, 뾰쪽할 철, 내밀 철凸.

흐뭇한 조우

귀납적 방법의 축약과
연역적 방법의 확산

우연치 않게
서른여덟 해의 시간이 흐른
맑은 공간에서
처음 만났던 시공을 생각는 조우

한바탕의 맴돌이로
고개를 주억거리며 찾아낸 공통인수
눈앞에 펼쳐진 하나하나의 통섭에
이럴 수도 있는 것이구나 하는 기쁨

가끔 추임새를 넣던 증인도
오병이어五餠二魚의 족함으로
밝은 내일을 구가하는 일렁임에
맑은 숨결로 동조할 때

울타리 가에 피어나는 매화도
바쁜 걸음 멈춘 채

나른한 봄날을 한참이나 해찰하며
아름다운 배경이 되어주었다

숙성 중 (2)

여든둘 노익장을 과시하는 옆구리에
생의 차가운 바람이
한참씩 머물다 가는 인생 해거름
일흔하나 그럴싸하게 익은 자세
다가감과 다가옴 자연스레 마주했지

희미한 눈빛으로 읽어낸
삶의 뒤안길
생각 밖의 공통인수에 공감하고
빠르게 셈하여나가는 숫자 열하나

쓰려는 문자보다 먼저 읽어내는
빠른 독파력
발설하려는 언사言辭보다 먼저 듣는
맑은 청력

여든둘과 일흔하나 사이에 놓인 열하나
엄연한 틈새 인정한 채
저 밑바닥 실금을 타고
태산준령을 넘고 도도한 강물을 건너

우뚝 마주 보고 선 존엄

청순 발랄한 열일곱 아가씨
정열의 피 펄펄 끓는 스물여덟 청년
그 사이에 놓인 열하나는
가파름에 오르는 사닥다리요
너른 강을 건너는 교량일 뿐이었다

11이라는 절대 치를 이루는 수식이
어찌 이에 한하랴만
연륜의 나이 82 – 71 = 11
꿈의 나이 28 – 17 = 11

나라는 개체 1과
너라는 개체 1의 병립으로
새로운 우리를 만드는
아름다운 조합

밝음의 불씨

승강기 안에서 만난 꼬마 아가씨
두 손 모은 채
동그랗게 구부린 등의 각도로
"안녕하세요?"
마스크로 촘촘히 거른 보드라운 인사

맑은 눈망울 가득 채워 내보인
예쁜 코와 귀여운 입모양
심안心眼으로 읽는 연인의 마음이듯
직접 바라봄보다 한결 더 아름답다

코로나19로 인심마저 흉흉한 세태
언제였나 싶게
말끔히 물리치고

귀여운 어린아이의 예쁜 인사처럼
맑고 밝은 인정의 불씨
활활 타오르는
환한 세상 만들어 갈 수 있을거나

3
해거름의 소원

역습 앞에 서다 / 붙박이 상념 / 미련 갈무리
소감 한 폭 / 탈각 / 번히 알면서 / 쯤이야
한 점의 얼룩 / 만감의 교차 / 꼴불견 / 그 또한 나의 몫인 것을
버티어 살기 / 해거름의 소원 / 멱 잡힌 세월 / 간절한 소망

역습 앞에 서다

짙은 이내에
아련한 추억으로
접어두고 싶었지

건듯 불어온 한 줄기 바람자락
멀쩡한 이 맑고 밝은 대낮에
가린 베일 홀라당 벗겨낼 줄
꿈엔들 알았으리라고

들려주지 못한 고백과
보여주지 못한 속마음
너른 들 한가운데에 드러나 버린
이 몰골을

꽃이 져야
열매 맺는 것이라고
시답잖은 남의 말로 얼버무릴 수 없어
원인과 결과 결과와 원인을
부단히 자리바꿈하며 펴는 답안

이도저도
모두가 오답인 것을
벌써 알고 있어

풀벌레의 고른 울음소리에도
이름 모를 작은 새의 춤사위에도
이르지 못하는 메마른 헛기침만
허공에 흩뿌리고 있는 이 가관
무슨 값으로 매김 하여야 좋단 말인가

붙박이 상념

어렵사리
귀한 나무 한 그루를 모셔 심고
파수병처럼 세워놓은 지주목

보이지 않는 세월의 흐름 위에
문득 자리 잡은 늦은 봄의 정경
중심 나무는 한밤중
지주목만 싱그럽게 잎을 피우더니

엿장수의 간격 고른 가위소리
코흘리개 꼬마들의 줄달음에 붙들린
녹슨 돌쩌귀 모지랑숟가락 뒤축 째진 고무신
고샅의 고요를 한 꿰미로 꿴 초여름까지
뒤집힌 역류는 이어졌지

눈 질끈 감고
주와 객을 아군과 적군을 자리바꿈하여
흔적 보이지 않는 바람처럼
편안히 세월을 엮어도 괜찮으련만

자신은 왜
중심 나무의 비명횡사가 안쓰럽고
그때의 엿 맛이 훨씬 맛있다는
신념만을 견지하는
고집불통의 붙박이이어야만 할까

※ 돌쩌귀 - 住의 대표로, 숟가락 - 食의 대표로, 고무신 - 衣의 대표로
　인용한 것임.

미련 갈무리

진즉 만났어야 할 운명
싸맸던 베일을 벗고 마주앉아
굴곡진 제 삶의 타래를 늘어놓을 때

어쩌면 그리도
매듭까지 이어진 길이가 같고
얽힌 덩어리의 크기가 같을 수 있을까
꼭 닮은 서로의 눈 속 눈부처

쟁기의 손잡이를 숙이지 않았어도
보습 끝에 줄줄이 뒤집혀 나오는
이제 더는 해득할 후계자도 없는
짠한 생의 역사

오랜만에
때를 씻어내고 녹을 닦아내어
등 굽은 늙은 소나무 밑에 묻고
호박琥珀 되기를 빈 짠한 염원

어느 호사가인들

얕잡아 볼 수 있으랴
끝내 아쉬운 이 미련의 갈무리를…

소감所感 한 폭
  - 현충일에 부쳐

'촛불'로 고스란히 살라먹은 태극기
현충일의 숭고한 정신마저
촛농에 묻혀버린 지 오래인지라

반기半旗를 다는 방법은커녕
국기를 달아야 할 근본 의미조차
까맣게 잊어버리고 사는 것이
마음 편한 세상

망각의 흔적을 하나하나 닦아내고
기억의 밑뿌리를 찾아내려는 행보
어렵게 한 발 한 발 내디뎌보지만
컥컥 앞길을 막는 숱한 장애

사방팔방으로 흩어져버린 팔괘
巽손/ 震진/ 艮간/ 兌태까지는 아니어도
乾건/ 坤곤/ 坎감/ 離리/의 뜻만이라도
언제 어느 곳에서 그 의미를 되찾고

둥근 태극太極의 깊은 사상을

환히 밝혀

가슴 가슴에 깊이 품을 수 있을는지

감겨버린 눈을 뜰 길이 없는

쓰린 소감 한 폭

탈각

익히고 또 익혀온 영근 꿈
두꺼운 껍질을 스스로 깨뜨린 순간
들이마시는 숨결과 내쉬는 숨결
갈피를 놓쳤고

눈빛 타고 오고간 유언 무언의 언사言辭
말한 것인지 들은 것인지
그 소속을 잃은 지 오래로
짚고 또 되짚어보아도 까마득할 뿐

숨길 닿은 곳 손길 스친 곳
뜨거운 열꽃이 피어
심신을 펄펄 끓이고 있는 이 신열
이전의 자신은 그 어디에서도
찾을 수가 없다

갈기도 위장도 허세도 휘장도
땅속 깊이 묻고 하늘 높이 날린 뒤
길게 내뿜은 맑고 밝은 진솔
얼마나 바라고 꿈꾸어온

속 궁굴린 내심의 발현이런가

제 정情의 씨앗 고이 감싼
두 개의 둥근 원
한순간의 버팀을 넘어 몸 비빈 원주圓周
중심점 둘을 가진 타원으로
두 점 가까워지기를 기다린 짧고 굵은 시간

두 씨눈
드디어 하나 이룬 오늘에야
사랑을 정 조준한 외눈박이가 되었으니
새싹의 발아發芽는 물론
신열로 피어난 열꽃 송이 송이마다
알천의 열매 맺을 것은 분명한 사실

눈 꼭 감고
긴 안도의 숨을 내쉬며
탈각의 아픈 상처를 부드러이 감싸는
너와 나 아닌 우리가 된 게지

번히 알면서

짐짓
속 말짱하고 겉 엉뚱한 욕망을
미늘 날카로운 낚시에 꿰어
망망대해에 드리우고

어선 한쪽으로 기우는 만선을
기다리고 있는 바람(願)
채울 만큼 채웠는데도
아무래도 허탕이라고 내거는 엄살

혜안의 독심술로
벌써 꿰뚫어 읽고 있었으면서
'우선은 겉을 칭찬한 것이고
조금 있으면 속을 칭찬할 테니 안심하라'고
안기는 위로까지 제 몫 내고서야

속 뻔히 보이는 손오공
삼장법사의 손바닥 위에서
넉살 좋은 춤사위를 펼치고 있었다

쯤이야

세상사 무서운 게 인간상념 아니던가

 겁劫이라는 말이 있으니, 천지가 한 번 개벽한 때부터 다음 개벽할 때까지의 동안이란 뜻으로 계산할 수 없는 무한히 긴 시간. 가로·세로·높이가 각각 15km 되는 철옹성 안에 겨자씨를 가득 채우고 100년마다 겨자씨 한 알씩을 꺼내는데 이 겨자씨가 바닥이 나는 시간. 또 가로·세로·높이가 각각 15km 되는 검정바위(烏石) 부근을 하얀 모시 치마와 저고리를 입고 그 치맛자락으로 100년에 한 번씩 그 바위를 스쳐서 바위가 완전히 닳아 없어지는 시간. 그런 1겁劫이 억億번인 세월을 억겁億劫이라고 일컫는 것쯤

 시치미 뚝 떼고 사는 인간들의 파렴치

한 점의 얼룩

과녁은
저만큼 마음 깊숙한 곳에 두고
한 점 허공에 변곡점을 눈 그리며
날려 보내는 국궁國弓의 화살
과녁을 들고 오기라도 한 양
정중앙에 뚜렷이 맺히는
명중의 별 하나

과녁은
두 눈의 초점을 고스란히 받고
명징하게 붙박아 있는지라
자신 있게 날려 보내는 직격탄直擊彈
'솔거의 노송도'로 보인 착시였는지
짙은 투명으로 가림막하고 있었는지
튕겨져 날아가고 만 별똥별 하나

세상사
얻음과 놓침은 백지 한 장 차이
안과 밖/ 실과 허/ 명과 암/

붙잡은 기쁨을 집어삼키고도
한참 남을 떠름함으로
세모歲暮의 한 모서리에 짙게 남긴 얼룩
추醜 속에 담긴 미美를 찾고 싶은 마음은
꿈에도 없었다

만감의 교차

푸른 초원은 그림의 떡
현대식 시설의 축사畜舍 안
제게 주어진 좁은 공간에서

종일토록 먹는 것에만 치중한
뒤룩뒤룩 살찐 육우
새끼도 없이 젖만 퉁퉁 불려야하는
얼룩빼기 젖소

그들의 귀때기에 노랗게 채워진
쓰린 내력을 훌쩍 넘어

논밭을 갈고 무거운 수레를 끌 듯
우리네 긴 삶의 역사를
갈고 이끌던 농우農牛를 눈 그리는
평온한 마음 밭의 뒤란

억지로 코를 뚫어 코뚜레를 꿰던
목불인견目不忍見의 정경과
푸른 하늘을 갈가리 찢던 비명을

잊을 수가 없다

또 한 해를 버티며 살기 위해
자신을 길들이고 있는 삐걱거림 앞에
이런저런 소들의 형상이 얼비치는
임인壬寅년 정초正初

꼴불견

꿈 많은 어린 두 아이
고샅길에서 멱살잡이에 발길질이다

꿈에 실컷 약올려놓고는
이렇게 시치미 뗀다는 시비에
자기는 그 시간에 달나라에 있었노라고
제 꿈 이야기를 들이대는

잊음 많은 두 노인
경로당 방 가운데서 말싸움질이다

설 쇠었는데도
작년 나이 그대로를 일컫는 주장에
그럼 이제 네 놈이
한 살 더 먹은 나의 동생이라는

어린아이들의 힘겨루기는
한참 크는 중임을 겉 드러냄이고
노인네들의 입씨름은
나이에 대한 두려움을 증언하는 것

양력설과 음력설 사이에서
내 나이를 몇이라 불러야하나
인생연극 한복판에서 흥을 돋우며
어릿광대 표정을 짓고 있는 이 꼴불견

그 또한 나의 몫인 것을

정월 대보름달
동녘 하늘에 두둥실 떠오를 때

그믐날 밤
하늘을 꽉 매웠던 수많은 별들
까맣게 잊은 망각조차 묻어두고
영원하리라 믿었음에 대한 회오

백주 대낮이 되어서야
전후좌우와
대소경중과
길흉화복과
흥망성쇠의 의미를 되짚으며

스치는 바람의 차가운 온도
드리운 그림자의 두터운 깊이
창문에 써 내리는 빗물의 속내에까지
하나하나 재조명하고 있는 가관可觀

한세상

겪은 일 겪는 일 겪어야 할 일
이도저도 모두가 다
내가 감당하여야 할 나의 몫인 것을…

버티어 살기

숫자로 이름 매겨진 낯선 병실에
어깨 다독여 맡겨놓은 비통의 별리
못내 아쉬워하며 손꼽아보니
긴 긴 밤의 숫자만도 벌써 스무엿새 째

마음 에는 절절한 아픔 접어둔 채
동병상련同病相憐의 환우들과 어울려
잃어버린 결손을 메꾸며
언니야 아우야 겉으로라도 낯빛 풀며
살아가는 당신이지만

하나에서 열까지
맞들어 이룬 평형의 반쪽을
뚝 떼어 보내버린 뒤에 남은 자신은
뱃바닥의 평형수 쏟아버린 불안정에
거친 풍랑을 만나 부서져버린 난파선이라고

비교꺼리도 되지 못하는 억지 끌어들이기로
당신의 아픔을 삭이려고 몸부림친
징그럽게 긴 또 한 하루의 끝자락을

한 땀 한 땀 어려이 아퀴 지으며

꿈길에서라도 만날 수 있지 않을까
길몽의 산실을 찾아들며
기도로 그어나가는 바를 〈正〉자에
또 한 획을 보탠
질긴 버티기의 행보 떼고 있나니

어둠을 헤쳐 나갈
밝음의 불씨 되소서

해거름의 소원

살아오다가 살아가다가
꼭 품어 안은 굵은 목표 하나
굳건히 정립했으니

처음 출발이야
들쭉날쭉 어찌 되었건
막다름에 이르는 순간만은
꼭 '한 날 한 시 되게 해 달라'는

스무날도 훌쩍 넘게
날을 헤고 밤을 헤며 외롭게 살다보니
관 속에 드르누워 죽음 체험하듯이
저 생의 끝자락
나 아니면 너 꼭 이러리라는 비통

'가지런한 종말'을 위해
두 사람의 남은 생 하나로 합한 후
뚝 반으로 분지른 숫자로

슬픔은 슬픔으로 기쁨은 기쁨으로

함께 어울려 살다가
하늘나라 가게 해달라는 소망
끝도 한도 없이 빌고 또 빌었다

멱 잡힌 세월

험한 고비 굽이굽이 넘어야하는
시간의 흐름
누가 스물네 시간을 하루라 하고
서른 날을 한 달이라 했던고

창문 두드리는 봄비소리에
어렵게 고개를 들고 바라보는
서른서너 걸음 건너
종남산 기슭 흐르다 멈춘
포근한 남향 둔덕

파릇한 봄빛을
하얗게 톡톡 여물리고 있는
매화꽃 봉오리

나의 서럽게 삭히고 남은 시간
거기에 보태어져
저렇게 희망의 봄날을
아름답게 구가하고 있는 것을

맺힌 한 풀어내는 고른 호흡으로
앞서 나가는 일 없이
뒤처지는 일 없이
편안함 피어나는 희망의 새 봄을
심신 뿌듯이 끌어안고 싶다

간절한 소망

꽃샘추위로 앙탈하던
차가운 날씨도
춘4월 훈풍에 자지러지듯
예고도 없이 물러가리라는 믿음이어도

창문 틈새로 빠져나간 잔광처럼
외로움에 대한 상념
끝내 떠나가지 않을지도 모른다는 통증에
짧은 시간 길게 주저앉아 있습니다

선율타고 스며들었던 그리움
깊은 사연 아로새긴 아름다운 사랑
그마저 떠올릴 수 없었다면
무엇으로 견디어 냈으랴 하면서도

호화가 안긴 시련인가 하여

지금은
찾아옴보다 떠나버린 서글픔이 클지라도
이도저도 다 흘려보낸 뒤

아픔 없는 새로운 정립을
간절히 소망하고 있습니다

4
아름다운 안달

껍질이 째지는 아픔 없이는 / 탁마 / 구원의 손길 / 못다 삭인 수줍음
아름다운 안달 / 월척 탁본 / 여물어 가는 허무
역습 / 짜파구리 / ~하던 대로 / 시련의 고비
자초 / 시인의 욕망 / 자신을 다지는 첩경 / 톺아보기

껍질이 째지는 아픔 없이는※

고슬고슬 말리고 싶은
추진 마음

예고도 없이 쏟아지는 작달비
흠뻑 뒤집어쓰고
깊이 빠져드는 무저갱

꼭 감아버린 눈앞의 까만 정적
쩍 가르고 들어서는 예리한 섬광
심안을 활짝 여는
빛이요 소리인지라

수챗구멍을 향한
축 처진 허섭스레기는 간 곳 없고
보송보송한 간난아이
보료에 싸인 채 벙글거리는 함박웃음
하늘과 땅 사이를 꽉 채우는 정경

나의 나는 찾을 길 없어도
그의 나로 새로이 태어난 나

여기 있으니
세상 천지에 이보다 더 큰 기쁨
어디 있으랴.

※ 껍질이 째지는 아픔 없이는 : 차범석님의 희곡 제목을 인용함.

탁마琢磨

둘이어서
기쁨이 배가 된 게 사실이지만
둘이어서
흘려야 할 눈물 역시 두 배였다

남몰래 베일에 싸서 감추는
쿵쿵 가슴 뛰는 설렘의 희열과
행여 꽁꽁 묶여 묻혀버릴까
겪어야하는 염려의 두려움은
언제나 등가等價

감춤과 드러남의 진수眞髓
모남 없는 둥긂으로 굳어
인생의 값짐으로 수긍하게 되는 날
하늘을 향해 환한 웃음 올리기를
말없이 비손하며

둘이어서
마냥 좋기만 했다는 사랑의 결실로
찬란하게 빛날 수 있도록

각진 모서리 둥글게 갈아낸 자리
반들반들 윤내고 있다

구원의 손길

미늘 없는 낚시를 드리워도
뜻밖의 월척 잡히던 호시절이 있었지

세월의 흐름을 따라
한두 마리 잡히던 손맛도 시들고
어탁魚拓한 그림만 눈 그리며
아쉬운 마음의 그늘을 닦다보니

이도저도 다 떠나고
미끼 빼앗긴 빈 낚시에
등지느러미 꿰인 허탈만
외로움의 등을 넘어 설움으로 깊어가네

새벽 네 시의 바람결 타고 온
송광사 목어木魚의 울음소리
한 마리의 물고기로 현현顯現하여
내 마음을 부단히 위로하고 있음에

더 무엇을 바라랴
모든 것 다 접어두고

넓고 깊은 푸른 마음 바다에
그와 더불어 유영遊泳하며 살리라

못다 삭인 수줍음

설렘
아직도 남았다는 말인가

울렁이는 속마음
보굿처럼 굳어버린 살갗을 뚫고
서툴게 빚어내는 낯빛

내 쪽에 한 뿌리를 박고
동산 너머로 뻗어나간 무지개 또 한 끝
고이 내려앉은 곳
맑은 물 샘솟는 옹달샘일까
깊은 호수 한복판일까

일곱 빛 무지개 좇던 설렘
훤히 읽고 있는 눈빛
가까운 곳에 있을지도 모른다는
보드라운 가정 앞에
어쭙잖게 놓인 부끄러운 마음

제 눈 감으면

상대가 볼 수 없기라도 하는 양
서툰 몸짓으로
시치미를 뚝 떼고 있다

아름다운 안달

저 젊은 날의 행보
시답지 않게 흉내 내고 있다고
비웃지 마세요

다시는
해볼 수 없다는 강박감으로
뒤 사렸던 부끄러움 비집어내어
전 벌이고 있는 중이니까요

밝은 햇살
안개에 묻혀버린 날의 아침까지도
아까움을 넘어
충분히 아름다움으로 맞는 마음

어제에 뒤지지 않는
새로운 내일을 빚기 위해
가짐 모두를 한 데 모은 안간힘으로

후회 없는
행복의 연장선을 긋고 있는
짙은 눈물 머금은 안달이랍니다

월척 탁본

찌를 바라보고 있다

마음이야
수면 아래 더 깊숙한 곳
미늘에 꿰인 욕망에 가 있겠지만

산등성이 넘는 해거름마냥
태연하게 숨결 고르며
지나가는 바람의 등에 실려
찌만 건드리고 있다

기다림이 농익어
월척이 되는 날
고스란히 내 것 내지 않아도
나 만족할 것 벌써 알고 있어

이제
탁본 뜰 준비나 해야겠다

여물어 가는 허무

이삭을 주우려고
서른 해 가까이 묵혀두었던 밭이랑을
조심조심 훑어나간 겨울밤

모스크바 굼 백화점의 '마트료시카'
하이델베르크 '칼데오도르 다리'
세비티아노 어둑한 미로의 '카타콤베'
시스티나 성당의 미켈란젤로의 '천지창조'
안소니 퀸이 종을 울리는 '노틀담 사원'

위대한 역사적 유물은 말할 것 없거니와
소소한 견문까지 기억이 뚜렷한데
한 가지 딱 한 가지
이리저리 묘수를 부려보아도 불분명한
동행한 사람들의 얼굴과 말씨

그래도
이렇게 몇이라도 기억하고 있다고
안쓰러운 자신을 다독이면
여물어 가는 허무가 물러질까

어느 누구를 탓하랴
본래 품고 있는 생성소멸의 운명에
차이가 있어서 그러는 것을

역습

입 안에 가시가 돋았습니다

의사※께서
단지斷指의 붉은 우국충정으로
이른 말씀
일일부독서一日不讀書 구중생형극口中生荊棘
언감생심 끌어다 붙일 일이 아님을
알고 있습니다만

열심히 책을 읽었는데도
입 안에 가시가 돋았습니다

엄나무 가시오가피 나무두릅 옻나무
싱싱한 새싹이나 실한 줄기 모질게 잘라
생으로, 데쳐서, 전 붙여서, 삶아서
목구멍 미어지게 먹어 삼킨
씻을 수 없는 죄

가지에 돋친 사나운 가시의
공격이었음을 뒤늦게 깨닫습니다

푸른 봄이 더욱 짙게
몸 안에 피어나는 것도 아닌 것을…

※ 의사 : 안중근 의사.

짜파구리

"임자, 히봤어?"
정주영 스타일의 굵은 톤으로 묻고 싶다
"너, 짜파구리가 뭔지 알겠어?"

창의성 많은 우리 민족이
아카데미상을 휩쓴 영화
〈기생충〉
그 별칭이기도 한 '짜파구리'

1984년 농심이
짜장면과 스파게티의 합성어로
새롭게 발매한 '짜장 라면'으로
젊은이의 입맛에 딱 맞는 '짜파게티'

그 이태 전 역시 농심의 회심작
오동통한 면발과
다시마 건더기가 바다 빛으로 들어있는
얼큰한 맛의 '너구리'

바로 이 '짜파게티'와 '너구리'가

한 그릇 안에 얽히고설키어
21세기 초 전 세계를 휘어잡아버린
〈짜파구리〉

어설픈 이국의 풋내기들
머리통을 쥐어짜 번역한 영어 단어
'람동'(Ram-don)
'라면'에 '우동'이 섞였다는 말이겠지만
어디 거기 희멀건 밋밋함에서
그 맛과 향이 우러나오랴

'기생충' 버전의 등심을 집어넣음으로
빈부 격차를 은유적으로 표현한
봉준호 감독의 속 깊은 의미를
어찌 꿈이나 꿀 수 있으랴
영화 〈기생충〉의 별칭 '짜파구리'

~하던 대로

의, 식, 주,
삶의 영역 하나하나에
길들여진다는 것
어찌 거저 얻어진 값짐이랴

나무의 몸에 박힌 가지의 그루터기
그 옹이처럼
관성으로 굳어버릴 쯤에 이르면
그보다 편한 게 없지

굽은 허리의 각도를 세운 만큼
불편함을 겪다가
편안히 서산을 넘는 해를 바라보는
인생 해거름

이제 더 무엇을 바라랴

하늘에 뜬 흰 구름
맑은 호수에 그대로 투영된 데칼코마니
그 균형 잡힌 어울림을

건드림 없이
물끄러미 바라보고 있었다

시련의 고비

빨 주 노 초 파 남 보
보 남 파 초 노 주 빨
일곱 빛 무지개 고운 빛깔에는
어느 순서로 외우든
알게 모르게 출렁이는 리듬이 있다

우리와 얽혀 사는 제반사에는
코뚜레를 꿰었건 꿰지 않았건
불문율로라도 고르게 굴러가게 하는
수궁의 고삐가 있다

우한 폐렴으로 발발한 '코로나 19'
팬데믹(pandemic)*으로 지구를 휩쓰는 기세
알파 베타 감마 델타 그럴싸하게 발전하더니
이제는 훌쩍 오미크론(omicron)*이 되어
숨통 막은 마스크 주변을 맴돌고 있다

상상하지 못한 세상의 변화일지라도
어찌 이겨내지 못하랴
새로 쓰는 역사의 주인공이 되고 말리라

※ 오미크론(omicron) : 그리스 알파벳 15번째 글자.
※ 팬데믹(pandemic) : 사람들이 면역력을 갖고 있지 않은 질병이 전 세계를 전염·확산되는 현상을 말함.

자초自招

자신에게 칼자루 쥐어준
선택의 순간이 다시 찾아온다면

너와 나의 차가웠던 아침이
더할 수 없이 뜨거운
우리의 정오가 되었던 기쁨을
조용히 사려두고

눈앞의 호사보다
뒷날의 결과에 눈길 주었으리라

짙은 어둠이
올곧은 방향을 짚어
추진 회한을 하나하나 떨쳐내고
여명으로 이어지기를 바라는 마음

열락悅樂의 시간 흐름과
비통悲痛의 시간 흐름은
같은 시간이되 같지 않은 느낌이라서
어깨 기울어진 발걸음을 떼고 있다

'좁은 문' 통과하는 일이
이렇게 버거울 줄 어찌 알았으랴
비축한 막심까지 쏟아 붓는 이 고통
자신 아닌 어느 뉘 알랴

시인의 욕망

상상을 초월한
순간의 포착

호모 사피엔스(Homo sapiens)의 두뇌로
그럴 듯이 픽션(fiction)을 엮어내는
달인

진솔이라는 미명美名 아래
논픽션(nonfiction)만을 끌어안고 살려는
네안데르탈 인(Neanderthal man)
그 위력을 굴복시킨 여세로

오늘도
허황함의 속살을 헤집으며
가장 논픽션(nonfiction) 같은
픽션(fiction)을 빚어냄으로

호모 사피엔스(Homo sapiens)의
수장首長이 되려는
몸부림을 이어가고 있다

자신을 다지는 첩경

허공에 그린 허상
생뚱맞은 헛걸음으로 뒤따르다보면
눈 지그시 감은 손 감각으로
강기슭 더듬어 붙잡은 월척처럼
횡재할 수 있을까

꿈 달아나며 바람결로 이르는 말
흔들리는 수양버들 가지에 매달린
연녹색으로
잔잔히 짚어주는 하늘 우러러 새 방향

헛꿈 무너진 자리에 돋아나는
내 몫의 싱그러운 새싹
날카로운 조각도彫刻刀라도 된 듯
계절의 순리에 따른 시간 흐름을
골 깊이 음각하며

헛디딤이
때로는 정도를 짚어나가는
첩경이 될 수도 있다는 자위로
주섬주섬 자신을 챙길 수 있었다

톺아보기

자신에게 보내는
긍정이라야
거기 빛 발하는 보물이 깃듦을 알아

하고난 일 중에
고개를 끄덕일 일 찾음을 밀쳐두고
고개를 끄덕일 일을 먼저 만들고자
바닷물 속 씨알을 건지려는 고패질*이며

너른 개펄에
질펀하게 펼쳐놓은 자신의 행보
토실토실 익었는지 캐내보는
손길 바쁜 해루질*이지만

그 결과
촘촘한 어레미로 거르고 또 걸러도
가르는 금 불분명한 수평선처럼
손 잡힘이 없는 공허한 결과

견줌을 저만큼 물리친 내 몫

톺아본다고 새롭게 붙잡힐 일 있으랴
모르쇠
높은 값을 매기는 견강부회로
그럴싸한 시치미를 단 또 한 하루의 역사

※ 고패질 : 낚시줄이 걸치는 작은 바퀴나 고리를 반복적으로 감거
　　　　　나 푸는 행위
　　　　　물고기의 호기심을 자극하여 입질을 유도하기 위한 것.
※ 해루질 : 예로부터 물 빠진 바다 갯벌에서 어패류를 채취하는 행위.

5
긍정의 안목

줄배 타고 온 너 / 오령누에의 소망 / 심지 돋울 활력소
객으로 읽는 세월 / 외곬으로 / 예비하심에
불씨 / 일합 / 비상 / 행복 패러디 / 새로운 꿈 / '거저'는 없다
대명천지 이룰 꿈 / 평온 / 그렇게 타고 난 것을

줄배 타고 온 너

순혈주의자라도 되는 양
아들, 딸, 외손자를 깃발로 앞세우고
그 동안 아뢰고 싶은 사연
가슴 복판에 뿌듯이 안고 찾아온 너

한없이 귀엽고 깜찍하기만 했던
열네 살 소녀

마흔여섯 해를
부단히 흘러온 세월의 강을 따라
이것은 어둠이라고, 저 멀리 아스라이
이것은 밝음이라고, 더 가깝게 뚜렷이
겉과 속 모두를 알려왔지만

오늘은
행여 순하게 흘렀던 강줄기 흐릴세라
너와 나 사이의 삶을 끈끈히 엮은
굵은 줄을 부여잡은 줄배로
이 맑고 고운 강을 건너 왔으니

보는 게 기쁨이요
듣는 게 행복이라서
마음 가득 품어 안은 흐뭇함
차고 넘쳤지만

행여 시샘으로 얼 생길까
노파심 한 삼태기를 주위에 흩뿌리며
네 앞날을 빌고 또 빌고 있으니
높으신 이여 이 기도 꼭 받아주시기를…

오령누에의 소망

영별의 의미를
바투 다가앉아 새기는 자리

한 사람을
망각 속에 묻는다는 것이
얼마나 슬픈 일인지
아직 남아있는 미련을 뒤로 한 채
영영 떠난다는 것이
얼마나 힘든 일인지

네 얼굴 위에 얼비치는 나와
내 얼굴 위에 그려지고 있을 너를
하얗게 빚은 시간 한 폭 위에
흔적 남기지 않는 글발로 새기다가

들고 가도 무방하고
놓고 가도 상관없을 작은 꿈 하나
홀가분히 챙겨들고

심신 맑아진 오령누에가 되어

칩거의 안식처인 제 섶을 바라보며
남은 시간의 들머리를 향해
천천히 떼는 발걸음

그저 무중력 상태이기를…

심지 돋울 활력소

내 몫으로 주어진 영구자석의 자력磁力
힘이 미치는 자기장磁氣場의 영역을
나이테의 선처럼 점강법漸降法으로 그려놓고
행여 그 범주 벗어나는 경우 있으랴
조심조심 어르고 달래며 살아왔지

시나브로 약해지는 자력磁力
억지로 충전하는 타의는 싫어
바깥쪽 동그라미 선의 매듭을 풀어주며
영역 좁히기를 수용하고 있지만

언제인지 모르게
다음 그 다음을 놓아야한다는 강박관념
태연으로 포장하기는 버거웠다

근심걱정 덜어낼 수 있음은 물론
더욱 새롭게 꽃피울 활력을 찾았으니
나의 S극 쪽에 슬며시 눈길 주는 너의 N극
아니 너의 N극 쪽에
착 달라붙을 수 있는 내 S극의 속마음

재활할 수 있는 벅찬 충전이요
꿈 꾸어온 우리들의 삶
알뜰살뜰 갈무리할 수 있는 합일일지니
이보다 더 큰 기쁨 어디 있을까

심지 돋운 밝음으로
어두운 세상을 환히 밝히리라

객으로 읽는 세월

10년쯤 되돌아가
하고 싶은 일 실컷 하고 싶다는
그 마음
어찌 이해하지 못 하리라고

이 나이에도

잔잔히 이어 흐르는 물로
만족할 것이 아니라
한번쯤
높은 낭떠러지에서 서슴없이 뛰어내리는
폭포수로

휘황한 무지개 한 폭 빚어
뭇 시선 한 몸에 받아보았으면
원이 없겠다는
벅찬 꿈을 그리고 있는데…

외곬으로

방 안의 먼지는
창구멍으로 들어오는 빛살에
한 꿰미로 꿰인 만큼만 있는 것

빛은 보일 때만 있고
소리는 들릴 때만 있고

사물은 이름이 붙여진 때부터
있는 것이라는
우직스런 신념

비아냥거림쯤은 아랑곳하지 않는
제 나름의
똑 부러진 고집불통
주어진 한세상 외곬으로 살려하네

예비하심에

어느 날
곶감 한 꿰미 들고 나온 칠뜨기

교활한 친구 하나
칠뜩아 그 곶감 왼쪽 끝에서
다섯 개만 나 먹어도 되지?
응 그래!

교활한 다른 친구 하나
칠뜩아 그 곶감 오른쪽 끝에서
다섯 개만 나 먹어도 되지?
응 그래!

칠뜩이의 곶감꽂이에는
원망 같은 건 하나도 없는
살진 허탈만
기다랗게 꿰어 있었다

빈 곶감꽂이
하나님의 따스한 손길의 열매

서른 개 육십 개 백 개 줄줄이 꿰기 위한
촛불 밝힌 신부의
신랑 기다리는 준비인 것이었다

불씨

조상 대대로 이어오는 불씨
고이 간직하고 살아오신 우리 할머니
불씨 얻으러 온 이웃에게 호통 치던
그 서슬 퍼런 예리함 눈에 선한데

여기저기
불 일으키는 재주 늘어난 뒤
불씨는 그저 허울 좋은 이름일 뿐
열도 빛도 본연의 가치를 잃은 지 오래

불쏘시개처럼 바싹 말라버린 몰골
깊숙이 저 깊숙이
마음 한복판에 차마 이울지 못한
불씨 하나

그렁그렁 흐릿한 눈망울 속에 묻고 살지만
초롱초롱한 회억 불러 그려보는 그림
이 잘 마른 불쏘시개에
번쩍 불붙이는 도화선 있어 불 댕겨주면
잉걸불로 활활 불타올라

저 마그마까지 끌어낼 수 있다는 자신감

나 오늘도
벽조목이 되어 온전히 스러질지라도
벼락불이라도 한번 내려치기를
이렇게 기다리고 있답니다

일합一合

두 줄기
도도한 흐름을 위한
합수이었다면 얼마나 좋으랴

잘 벼른 두 칼날의 일합一合
생과 사
사와 생
차갑게 갈리는 두 물줄기였다

승리의 깃발로
패배를 감쌀 수도 없고
서슬 이지러진 칼날로
승복할 수도 없는 전장戰場의 한복판

후원 병들
쾌재나 원한을 속 감추기 위한
표정 짓기에 여념이 없이
싸늘한 일합의 금속성만 후벼내는
냉기 감도는 정적

찢긴 승리의 깃발 한 폭을
몰래 챙겨 들고
일상의 문을 밀치고 털썩 주저앉으며

어서 이 소용돌이 잔잔해져
고이 합수 되었다는 낭보 들려오기를
마음 깊이 빌고 있는
노병사의 소리 없는 기원

비상 飛翔

남태평양 한복판
태풍도 비켜가는 평화로운 섬나라
뉴질랜드

거기 그 맑은 물의 정기
옴질옴질 새겨 먹고 싱싱하게 자란
초록입홍합
원주민들의 건각을 지탱해 온 보물단지

관절 팔팔 건강 팔팔은
저만큼 뒤로 제켜두고라도
상큼한 향기 짭짜름한 바닷물 맛이라니

오클랜드 웰링턴을 샅샅이 훑고
크라이스트처치도 지나 퀸즈타운 해변쯤에서
흠흠 깊은 숨 쉬던 추억을
또릿또릿 더듬을 수 있음에

너와 나
입가에 미소 가득 머금은 채

벌써 부드러운 무릎과 곧추 세운 허리로
높은 하늘을 비상하고 있단다

행복 패러디(parody)

청년A : (자전거 열심히 닦고 있음)
소년B : "이런 자전거 비싸지요?"

A : "우리 형이 사주었어!"
B : "아, 그래요?"
A : "자전거 사주는 형이 있었으면 좋겠지?"
B : "아니요, 나도 동생에게 자전거 사주는 형이 되고 싶어요."

심장 약한 동생을 위해
자전거를 사주고 싶었으나
돈이 없던 형 록펠러

33세에 백만장자가 되고
43세에 미국의 최대 부자가 되고
53세에 세계 제일의 갑부가 되었으나
55세에 불치의 병으로 겨우 1년만을 보장받은 삶

문득 바라본 병원 벽의 표어 한 장
〈It is more blessed to give than to receive!〉

(주는 자가 받는 자보다 복이 있다)
쫭 머리를 내려치는 아픔
하나님으로부터 98세까지 살라는
생명 연장의 선물을 받는 순간이었다

이 아둔한 자
55년간의 쫓기는 삶보다
뒤의 43년간의 삶이 행복했다고 말한
록펠러의 회고에 깊이 숙이는 고개

'받는 동생에서 주는 형'이 되고파하던
가까운 뜻에서
〈주는 것이 받는 것보다 복이다〉란
〈고매한 뜻〉에 이르기까지
고스란히 패러디하고픈 마음

새로운 꿈

알림 없이 물러가는 계절이듯
구구절절 아픔으로 굳어진 허무도
자신도 모르는 사이
그리될 수 있다면 얼마나 좋을까

무딘 촉수를 날카로이 갈기 위해
예리한 덫을 놓고
순간에 심신 던졌다가 빠져나오는
부단한 연습을 익히고 있지만

성공이 안긴 희열도 한 순간
가위눌림으로 깊은 밤을 설쳐야하는
고통의 값이 크기만 한데

모른 척
부드러운 허밍을 코끝에 달고
지나가다 들른 것처럼
소리 없이 내 곁에 발 멈춘 당신
가슴 뿌듯이 안기는 기쁨

끝내 나의 결실이 되어야 한다는
자성예언을
마음 바탕에 똑똑 새기는 이 다짐
영원한 밝음으로 이어지기를…

'거저'는 없다

'어쩌다'로 매도되는
'우연偶然'이 아니올시다

훨씬 뒤에
하여야 할 일 앞당겨 하다가
거기 도사리고 있는 흠결을 미리 찾아내어
어려움을 용케 모면한 일

이래도 될까 망설이다가
불쑥 내린 버금되는 용단이
주主보다 훨씬 더 크게 빛을 발하여
마음 밭을 환히 밝힌 일

이것들이 어찌
견강부회牽强附會로 일컬을 일이오리까

한번쯤
긍정의 화신이 시공時空을 가리지 않고
자신을 지키고 있다는 믿음이면
안 되는 것일까요

부족하되 무식하되 어설프되
밝음을 빚고자 용감무쌍하게
모든 걸 필연으로 받아들이는 제 삶부터
가상히 여겨주시는 첫발 내딛기를
간절히 소망합니다

대명천지 이룰 꿈

맑은 심신 짓뭉개는 짙은 암울
칠흑의 널따란 포장으로
홍익인간弘益人間의 지고지순한 목표까지
깡그리 뒤덮는 죄 더는 못 참아

환인桓因 환웅桓雄 그리고 단군檀君 할아버지
삼족오三足烏 몇 마리 불러 앉히고
시꺼먼 포장의 원흉 목덜미를 물어
하늘의 심판대 앞에 꿇어앉히라고 명한지라

오미크론으로까지 웃자라 기승부리는
코로나19 괴질은 물론
긴 세월 사위를 에워싼 불길한 외세
속 깊은 뿌리까지 송두리째 돌아빠질지니

백의민족의 새로운 삶의 터전으로
굳건하게 열리는 대명천지
그날이여 어서 오소서
속 키운 내공으로 고이 품으리다

평온

부단히 일렁이는 바다

상대를 이기기 위한
드잡이 아니야

우쭐하던 제 높이 깎아내려
낮음에 채우려는 참한 몸부림이야

저 눈부신 윤슬이
같은 크기의 반짝임으로 증언하는

수평선에 키 맞춘 망망대해

그렇게 타고 난 것을

단기 4285년 3월 25일에 받은
'소성초등학교' 졸업장에서부터
서기 2022년 3월 26일에 이르기까지
자신과 연을 맺은 각종 인쇄물과 책자들

배워 익히는 데 쓰인 각종 서적과
가르칠 때 쓰인 백묵 묻은 교과서는
말할 것 없거니와
문사철의 근간이 된 각종 서적들

중학교 3학년 때부터 써오는 일기
거기 제 인생과 더불어 바뀐 필체의
숱한 기록물이며
지난 해 지은 스물여덟 번째 시집
『마중물의 꿈』과 같은 저서들

매월 받아보는 각종 월간지에
제 이름을 부르며 수없이 찾아드는
많은 문인들의 저서들에 이르기까지
고스란히 모아 놓은 저의 분신들

'언제 다시 볼 것이냐?'고
'어디에 쓸 것이냐?'고 묻는 이 있다면
그건 제가 제 자신에게 더 많이 물으며
한 번도 답하지 못한 아픔이니
더는 건드리지 말라고 드리고 싶은 당부

두 방 그득 채워놓은
아무도 알아주지 않는 무값의 보물
씻고 닦은 뒤 다시 곱게 터 잡아 앉히고
혼자서 빙그레 미소 짓는 큰 만족
이보다 더한 기쁨 어디 있으랴

통째 한 권의 서책으로 변신하여
유물이 들어앉을 한 자리를
시치미 뚝 떼고 비집고 앉았으니
그저 가상히 여겨주소서

덧붙이는 글

1. 2021년 12월 28일 신아출판사에서 발행한 최명표의 『정읍시인론』에 수록된 〈김계식론〉을 옮겨 실었고
2. 2021년 10월 15일 인간과문학사에서 출간한 김계식의 시집 『마중물의 꿈』을 읽고 왕태삼 시인이 보내온 소감문을 옮겨 적었습니다.

최명표
-『정읍시인론井邑詩人論』에서

성실한 삶과 시적 성실
- 김계식론

1.

1939년 김계식(瀛州 金桂植)은 정읍 소성면 고교리 연천마을에서 태어났다. 그는 정읍에서 중고등학교를 다니고 상경하여 서울문리사범대학에서 공부한 뒤에 이세교육을 담당했다. 2002년 정년퇴직하기까지, 그는 무려 40년을 교육현장에 몸담았다. 그럼에도 불구하고 명색이 국어교사이면서 여러 형편 때문에 시작詩作에 나서지 못했다. 퇴직을 맞아 그는 2002년『창조문학』으로 등단한 이래, 지금까지 나이를 잊고 왕성한 작품 활동을 벌이고 있다. 그의 시작은 젊은 날의 공백기를 벌충하려는 듯 나이가 들수록 가속화되고 있어서 젊은이들에게 본보기로 여겨진다. 지금까지 그가 펴낸 시집만 해도 20권이 넘고 시선집만 해도 2권이다. 그가 연부역강을 과시하며 "언어로 곱게 그린 한 폭의 그림"(「시인 그 이름 하나만으로도」)을 그릴 수 있는 배경이 무엇인지, 아래에 옮긴 인용문을 읽으면 답이 나온다.

시를 일상의 생각을 정리하는 마음으로 쓰고 있습니다.
곧 시가 제 인생의 역사요, 기도요, 지혜인 셈입니다. 어제의 일보다 새로이 시작되는 오늘에서 소재와 주제를 발견하려고 힘씁니다.
흔히 시 한 편을 위해 엄청난 절차탁마가 필요하다고 하나, 저는 이미 이 순간까지 자연스레 물 흐르듯이 쓰고 있습니다.

김계식이 제17시집 『빛의 함축』에 내건 시 창작론이다. 창작이 낭만주의의 영향을 받아 개성과 팔짱을 끼고 돌아다니게 되자, 나와 남이 다르다는 사실이 시의 존재 이유로 추가되었다. 지금이야 반론이 해당되지 않는 당연한 말이 되었으나, 그 시절만 해도 개성은 날개를 달 수 없었다. 개성은 한국근대문학에서도 카프의 전성기에 뒷전으로 밀려났다. 1930년대에 이르러 소위 순수문학이 때를 만나 흥륭하게 되자 개성은 비로소 부끄러움을 떨어내고 서서히 부상하였다. 그와 같이 개성은 생래적으로 시류나 문단의 추세 속에서 부침한 팔자를 갖고 있다.

시인은 '일상의 생각을 정리하는 마음'으로 시를 쓴다. 시 쓰기가 그에게는 일기쓰기나 진배없는 셈이다. 일기가 하루의 일과를 반성하는 행위이듯, 그의 시쓰기는 삶의 성찰 행위에 속한다. 공자도 『논어』에서 반성의 중요성을 말한 바 있다. 시인의 반성이란 생활인의 그것과 다르다. 그는 '오늘에서 소재와 주제를 발견하려고' 애쓴다. 그렇다면 김계식에게 반성이란 '소재와 주제'를 찾아내려고 힘쓴 결과를 돌아보는 것이다. 보통 사람들이 '어제의 일'에 집착하는 동안, 그는 '오늘'에서 시쓰기에 필요한 글감과 중심생각을 찾아낸다. 이로서 그의 시쓰기는 '인생의 역사요 기도요 지혜'가 된다. 그는 시인으로서의 시쓰기와 일상인으로서의 일기쓰기를 굳이 구분하지 않는 셈이다. 이것이야말로 그가 다량의 시편들을 줄기차게 생산할 수 있는 배후 요인이랄 수 있다.

2.

김계식은 앞서 말한 대로 시쓰기를 일기쓰듯 한다. 그가 딱히 어려운 기교를 부리지 않고 평이한 일상어를 시어로 사용하게 된 배경이다. 이런 류의 시는 윤동주가 모범이었다. 그는 작품의 밑에다가 창작연원일을 부기하였다. 그 점에 착목한 박사논문까지 나올 정도이다. 그 흔적을 달력과 견주어 읽노라면, 그가 마음고생한 일들이 시국 상황과 맞물리면서 이해하기 쉬워진다. 김계식의 시작품들이 길지 않은 것이나, 길이가 심히 들쭉날쭉하지 않은 것은 온전히 일기시의 창작 태도와 관련된다. 일기는 하루의 생을 돌아보는 동안에 감정의 요철을 평탄하게 바로잡는다. 그것이 일기쓰기의 묘법이다. 김계식의 시형에서 울퉁불퉁한 구석을 찾아보기 어려운 것은 성찰적 과정을 거치면서 여과된 덕분이고, 오랜 기간 동안 공직에 몸담으면서 절로 터득한 모나지 않은 조심성에 기인한다. 또 그의 성정이 평정심을 유지한 덕분이기도 하다.

 이와 다르게 김계식은 단시집을 따로 낼 정도로 단시에도 관심을 쏟았다. 단시는 일본의 하이쿠에서 확인할 수 있듯이, 순간적인 우주와의 조응을 포착하는 시형식이다. 단시의 매력은 불가의 선시를 읽어본 이라면 금세 알 수 있듯이, 읽는 순간에 뇌리를 때리는 청천벽력에 있다. 찰나의 시간이 흐르는 단시 속에서 독자의 관습화된 사고는 충격을 받고 대오케 된다. 김계식의 단시에서도 이러한 사례는 산견된다. 단시가 그의 시적 성취수준을 견인하고 있다고 해도 과언이 아닐 정도이다. 아래에 든 예시를 보면 사실을 목격할 수 있다.

  사행천 물길

  따라 살다가

등 굽은

새우

— 「순응」 전문

　김계식은 시제를 '순응'으로 달았다. 이런 제목을 붙이는 시인이라면 물리적 연치가 지긋해야 제격이다. 새우가 물길을 따라가는 것 자체가 시간의 흐름에 제 한 몸을 의탁하는 것이다. 그 물길이 사행천인 바에야 새우가 겪었을 '고난의 행군'을 능히 헤아릴 수 있다. 새우 종의 역사는 혹은 한 마리 새우의 일생은 순응으로 다져졌다. 그것은 사행천과 굽은 등 그리고 새우로 변주되는데, 그 사이에 '따라 살다가'가 들어서서 새우로 하여금 등을 굽히도록 강요한다. 새우의 입장에서는 먹고 살기 위하여 따라 살았을 테고, 그러다 보니 흐르는 세월 속에서 곧추 섰던 등이 굽어지고 말았다. 가히 한 편의 새우 전설이다. 시인은 이 시의 아래에 이러한 설명을 붙여두었다.

　그랬을 것이다. 옛날 아주 먼 옛날에는 새우의 등이 저렇게 구부러지지 않았을 것이다. 뱀처럼 꼬불거리는 삶의 물결을 따라 가느라 커다란 새우는 날마다 몸을 줄였을 것이다. 와, 대단하다, 새우. 와, 대단하다, 구부정하게 등이 굽은 우리 할아버지.

윗글을 읽다보면, 자연스럽게 새우 등이 "구부정한 슬픈 허리"(「새로이 바라보는 눈길」)를 가진 할아버지 혹은 아버지의 등으로 전이될 것을 짐작할 수 있다. 물론 앞서 따온 시편에서 새우 등을 보고 아버지의 등이라고 유추한 독자들이 태반일 것이다. 그처럼 자연스러운 심상의 넘겨짐을 통해서 한갓 미물에 불과한 새우의 등이 시의 소재가 되고 주제가 되었다. 이런 작시법은 허두에서 적어 두었던 그의 창작론이 이룩한 실례이다. 그렇다면 김계식의 시는 이론과 실제가 철저히 경험론에서 발아되는 줄 알 수 있다. 그가 존재론에 서지 않은 이유는 감수성이 요동치는 청년기에 시를 시작하지 않아서 생긴 현상이다. 젊음은 주체할 수 없는 핏덩이 때문에 살아 있는 존재에 눈길을 준다. 그 시절에 쓴 시작품들에서 회의와 불안, 갈등, 모순 등이 갖가지 모양으로 돌출하는 것을 보면 존재론적 시의 실체적 모습을 확인 가능하다.

이런 점을 종합해 보건대, 김계식은 인생의 역사, 기도, 지혜로서의 시를 추구한다. 그것은 "뚝뚝 듣는 노 어부의 찐득한 땀방울"(「목선 삭을 새 없다」)처럼, 다른 이들보다 늦게 등단하기 전까지 인내 속에서 시작한 경험에서 남상한다. 그는 한없이 겸양하는 성품으로 "사그라지기 전의 작은 불씨 캐내는 것"(「시를 위한 독경」)에 불과하다고 손사래를 칠 것이 분명하지만, 이순에 접어들어서야 시단에 입문한 그의 이력을 감안하면, 경험론에 치중하는 시쓰기와 자신의 시업을 진경으로 인도하리라는 확신이기도 하다. 그의 난해하지 않은 시들은 평범하여 오래 가는 사기그릇처럼, 읽고 읽는 사이에 참맛이 미뢰를 건드려서 "사철 짙푸른 빛 돋아남"(「대나무는 어울려 산다」)에 이바지하리라 기대한다.

3.

  사람들은 늙어 가면서 고향으로 돌아가 살고 싶다고 곧잘 말한다. 그것은 오로지 고향에서의 유년기로 돌아가고 싶은 재귀욕에서 연원한다. 돌아만 갈 수 있다면, 그때야말로 부모가 구존하고 또래들이 득실거리는 생의 황금기이다. 어린 시절을 어디서 보냈느냐에 따라 그의 사고방식이 결정되거니와, 시골 출신일수록 식물적 인생을 살아간다. 혹자가 산업사회에 접어들어 심각해진 공동체의 무너짐을 걱정하는 것이나, 아이들의 언행이 거칠어지는 것을 우려하는 것 등을 보면, 그는 영락없이 "달과 뭇별과 벌레소리"(「마음 드나드는 창」)를 듣고 자란 촌놈이다. 지금과 같은 폭치시대일수록 산을 토방처럼 오르내리고 벌판을 누비며 내에서 멱 감던 촌놈의식이 필요하다.

  종결하는 자리에 이르자, 김계식이 앞서 든 『빛의 함축』의 말미에 붙여 둔 "초심을 잃고 습관적인 시 쓰기가 될까 염려하지만, 시를 창작하는 것이 저를 거듭나게 하고 또한 재생

시킨다고 믿기 때문에 부지런히 쓰고 있습니다"라는 다짐이 여운처럼 다가온다. 그는 지금도 종남산 기슭에서 자신을 탄생시켜 준 영주산을 바라보며 시심을 어루만지고 있을 터이다. 그의 싯구마다나 "참 철딱서니 없는 어린아이"(「참 어쩔 수 없는 사람」)가 되어 양천동을 휘젓고 다니며 성성한 웃음을 담벼락마다 묻히고 다녔던 모습으로 돌아가서 '철딱서니 없는' 시를 쓰기 바란다.

갈수록 귀한 시집『마중물의 꿈』
상재를 축하드립니다

-왕태삼

 모루의 반석 위에 태어난
 스물여덟 번째 시집 『마중물의 꿈』 상재를 진심으로 축하드립니다.
 젖과 꿀이 흐르는 세 번째 육필시집을 분양해주시어 감사드립니다.
 영주선생님 가까이 사는
 전북의 시인들은 얼마나 행복한가를 생각하게 됩니다.
 특혜의 시비를 받을 만한 시혜를 받고 있는 희열입니다.

 존경하는 영주선생님;
 삼신산의 한가운데 정기를 받아 삶의 근원을 늘 찾아 헤매시는
 '우리들의 거울', '대한민국의 어어니스트';
 영주님의 마중물이 우리들의 멈춘 지심의 물문을 활짝 열어 주십니다.

진정, "겉 차갑되 속 뜨거운" 시인이시여
육필 시어 한 자 한 자가 빵이요, 한 잔의 포도주입니다.
떼어 먹는 재미가 쏠쏠하다가 이내 혼몽의 카오스에 빠져듭니다.
이곳에서 많은 사람들이 삶의 시원을 찾기를 소망합니다.

사랑과 시대정신의 결이 충만한 영주시인님!
"개미 밟혀 죽을까 보아 성근 짚신 엮어 신고 하산하는 노스님"은 누구이며
"하나의 강, 한 강"을 소망하며,
내리는 "어울림"의 고른 비를 기원하는 시인은 누구입니까

영주님의 시집을 받는 날엔
들에 피어나는 백합꽃망울이 저라는 기분을 감히 가집니다.
늘 저는 누군가의 시혜를 받고 꽃을 피워가려는 존재이니까요.
곧 "빛나는 날줄 늘이고, 노란 가슴 작은 새 열석 새 씨줄로 촘촘한 노랫소리 짜내는" 아침소묘가 오겠지요.
쿠쿠밥솥을 열고 "김 피어나는 밥 위에 가로 세로" 십자가를 그리는 사모님의 모습도 아른거립니다.

고운 분홍빛 '덧붙이는 글'도 잘 감상했습니다.
'명명命名'의 귀함을 잘 새깁니다.

다시 한 번 『마중물의 꿈』 시집 상재를 축하드립니다.
우리들의 영광입니다.
종남산도 좋아하겠지요. 근데 두승산은 좀 외로울 것 같아요.

사모님과 가족의 건강도 함께 기원드립니다.
오늘은 어제와 다른 태양이 뜨겠지요.
은근히 29 숫자가 기다려집니다.

- 왕태삼 올림

김계식 시집 29
오령 누에의 소망

초판 인쇄 2022년 5월 2일
초판 발행 2022년 5월 6일

지은이 김계식
발행인 서정환
펴낸곳 인간과문학사
주 소 서울시 종로구 삼일대로 32길 36(운현신화타워) 305호
전 화 (02) 3675-3885, (063) 275-4000
팩 스 (063) 274-3131
이메일 sina321@hanmail.net
출판등록 제300-2013-10호
인쇄 · 제본 신아출판사

ISBN 979-11-6084-180-0 (03810)

값 12,000원

* 잘못된 책은 바꿔 드립니다.